DESCUBRAMOS LA JERARQUÍA DEMONÍACA

LUCHA CONTRA PRINCIPADOS DEMONÍACOS

LIC. RITA CABEZAS

Unilit   Sepa

Publicado por
Editorial Unilit
Miami, FL 33172

Primera edición 1995
Originalmente publicado por Editorial Carisma,
un sello de Editorial Unilit.

Diseño de la cubierta: *Ximena Urra*
Ilustraciones de la cubierta: © 2012 Stefanie Leuker, Sleznov Oleksandr,
Kaspri. Usadas con permiso de Shutterstock.com.

Las opiniones expresadas por la autora de este libro no reflejan
necesariamente la opinión de esta Editorial.

Producto 550170
ISBN 1-56063-997-0
ISBN 978-1-56063-997-8

Impreso en Colombia
Printed in Colombia

Categoría: Interés general /Demonología
Category: General Interest /Demonology

Contenido

Dedicatoria

A los miembros de la Iglesia Libertad y a todos los demás guerreros del ejército de Jesucristo que El ha levantado por todo el mundo.

En agradecimiento, lo dedico también a las personas que hicieron posiblepublicación de este libro: Norma Peñaranda, Laura Blanco, Hugo Castro y mi esposo Francisco.

Introducción

La información que voy a exponer aquí, viene de mi propia experiencia. No es mi intención convertirla en doctrina. Sencillamente deseo compartir con el lector algunas de las cosas que he vivido a lo largo de los últimos años mientras he estado involucrada en un ministerio de liberación.

Pido a nuestro Dios Todopoderoso que le otorgue a cada lector su don de discernimiento, que el Espíritu Santo guíe su respuesta a este material. Si El le confirma la validez de esta información, incorpórela a su ministerio. Si no se la confirma, entonces deséchela, pues El es el único que puede revelar si mi interpretación de estos acontecimientos es correcta o no.

1

Descubriendo la jerarquía demoníaca

Durante algunos años, estuve ministrando liberación espiritual a muchas personas y noté que existía una diferencia en el nivel de fuerza de los diversos demonios. Algunos eran definitivamente más poderosos que otros.

Varias veces me sucedió, que al ordenarle a un demonio que me dijera su nombre, se identificó como Beelzebú. Cuando esto ocurrió, la manifestación a través del cuerpo de la persona se hizo más fuerte y más violenta. En ese tiempo yo pensaba que Beelzebú y Satanás eran dos diferentes nombres para referirse a un mismo ser espiritual, por lo que nunca le creí cuando me dio ese nombre. Yo le respondí: "Me estás mintiendo. Satanás tiene cosas más importantes que hacer que vivir dentro de esta persona. Tú eres simplemente un demonio".

No fue hasta un tiempo después que comencé a comprender mejor la organización demoníaca mencionada en Efesios 6:12. A través de una serie de eventos, Dios me permitió entender más adecuadamente la jerarquía espiritual de Satanás.

Una tarde, una paciente mía me trajo una parienta de ella que estaba atravesando un problema matrimonial muy serio. Esta mujer pertenecía a una de las familias de mayor influencia en la política de Costa Rica. Deseaba que yo la tratara profesionalmente, ya que soy psicóloga.

Pasamos un período de dos horas en una sesión psicoterapéutica al final de la cual le pregunté si me permitiría orar por su matrimonio. Ella consintió y yo comencé a pedirle a Dios que interviniera en su relación conyugal. Acababa de iniciar la oración cuando ella comenzó a temblar violentamente y luego gritó:

—¿Qué me está pasando? No puedo controlar mi cuerpo. Oh Dios, ¡ayúdame!

Debido a mi experiencia en el área de confrontación de demonios, pude identificar su reacción como una manifestación demoníaca. Por lo tanto dije:

—Padre celestial, por favor quebranta el poder de toda fuerza demoníaca que esté tratando de destruir el matrimonio de esta mujer.

Apenas hice esto, la manifestación se intensificó y un demonio me gritó que él había entrado en esta mujer a través de la brujería que se había practicado anteriormente con el propósito de destruir su matrimonio. La brujería la había hecho la amante de su esposo. Ordené al demonio que me diera su nombre, pero él reiteradamente rehusó. Por fin, di orden de que la manifestación desapareciera debido a que mi paciente estaba visiblemente angustiada y confundida con relación a lo que estaba sucediendo, y con respecto a quién le estaba hablando yo. Yo procedí a explicarle que lo que ella acababa de experimentar era una manifestación demoníaca y que la información que había sido dada por su boca procedía de un espíritu inmundo. Le expliqué que debido a la brujería que había contra su matrimonio, ella iba a tener que pasar por una sesión de liberación y fijamos, para dos días después, una cita con este propósito.

Cuando ella se fue, me quedé intrigada, además de molesta, debido a que el espíritu malo había rehusado identificarse y a que no había logrado expulsarlo. Hasta este momento, normalmente había tenido éxito en lograr que los demonios se identificaran y me molestaba que en esta ocasión no había podido hacer que éste confesara su nombre. Parecía que este espíritu era más fuerte que los otros que había enfrentado anteriormente.

Estaba extrañada y comencé a pedirle a Dios que me ayudara a dilucidar esta situación. Le pedí que me revelara el nombre de ese espíritu. El Señor oyó mi plegaria y me trajo la respuesta al día siguiente, a través de otra paciente.

Al día siguiente, vino esta mujer a mi oficina para su primera cita. Me contó que aunque actualmente era cristiana, su madre y ella habían estado previamente muy involucradas en el ocultismo. Compartió conmigo que una vez había visto una película sobre un demonio llamado "Asmodeo". Tan fuerte había sido la impresión que este demonio le había causado, que ella, al regresar a su casa, lo había invocado y le había pedido que entrara en ella y le diera sus poderes. En otras palabras, había hecho un pacto con él.

Esta mujer me dijo ciertas cosas sobre Asmodeo.

—No es simplemente otro demonio, —me informó—. Es muy poderoso y tiene una influencia fuerte en Costa Rica. Aunque he sido cristiana por años no he podido deshacerme de él. Todavía está conmigo. Necesito su ayuda. Por favor ¡sáquemelo! Me han dicho que aunque usted es psicóloga, también sabe echar fuera a los demonios.

Estuve de acuerdo en ayudarla a hacerle frente a Asmodeo. Até su poder, lo reprendí y le ordené manifestarse, pero por largo rato no hubo respuesta. No obstante, sentí que debía continuar, que debido a que él era supuestamente más fuerte que otros, probablemente podía resistirse más que los demonios de menor fuerza. Finalmente respondió una voz:

—¿Qué quieres Rita?

Me sentí muy aliviada de que su resistencia se había logrado quebrantar, pero a la misma vez, me sentía un poco preocupada, pensando si él sería demasiado fuerte como para que yo estuviera capacitada para enfrentarlo sola. Sin embargo, escogí creer que Dios no me expondría a algo para lo cual no estaba preparada y deseché el temor que estaba tratando de invadirme. Dije firmemente:

—Te ato a la verdad en el nombre de Jesús y te ordeno hablar sin manifestarte con violencia. Primero voy a ordenarte que respondas unas preguntas y luego te voy a expulsar de esta mujer porque ella ya no te pertenece. Ahora es propiedad de Jesús.

Mi intención, en ese momento, era sencillamente descubrir qué clase de asideros había que eliminar antes de que Asmodeo tuviera que acceder a abandonar a esta mujer en forma permanente. Sin embargo, el Espíritu Santo me hizo sentir que antes de irse, este demonio tenía que darme información que me ayudaría a entender la organización demoníaca. Dios me estaba permitiendo recibir esta información porque yo iba a necesitarla en el futuro.

Asmodeo me dijo que él era más importante que otros demonios que yo había enfrentado, que él pertenecía a una clase más alta. Le pregunté que cuántos espíritus pertenecían al rango de él y me respondió:

—Seis. Satanás es el más alto de todos. El es nuestro rey.

Me dijo que estos espíritus de alto rango pueden viajar por todo el mundo, pero que los menores están limitados a territorios específicos. Los espíritus de menor rango gobiernan áreas geográficas y no pueden ir a otros territorios sin permiso de los espíritus de clase alta. Me informó que están limitados a la tierra. No pueden irse de este planeta.

Asmodeo me informó también que los cristianos pueden enviar a los demonios de menor rango al abismo, pero que los de mayor rango tienen permiso de Dios de rondar la Tierra, al igual que Satanás y que, por lo tanto, no tenemos autoridad de enviarlos al abismo. La hora de encarcelarlos aún no ha llegado.

Me dio toda esta información con renuencia y únicamente tras una gran insistencia de mi parte. No era una conversación

12

amigable. Más bien se trató de una fuerte batalla. El me maldecía y se negaba a hablar. Yo, a mi vez, lo reprendía y le ordenaba hablar, en el nombre de Jesús.

Sus respuestas me ayudaron a juntar diversas piezas de información que había logrado adquirir por medio de la ministración a mucha gente. Me aclaró muchas dudas respecto al mundo demoníaco y me permitió entrar en un compromiso más fuerte hacia la guerra espiritual. Ahora que tenía un cuadro más claro en cuanto a quién era mi enemigo, y cómo estaba organizado, me sentía mejor equipada para continuar la batalla. Esta información me hizo sentir más segura.

El Señor me trajo a la mente un versículo de su Palabra:

Para que Satanás no gane ventaja alguna sobre nosotros; pues no ignoramos sus maquinaciones.

2 Corintios 2:11

Me sentía algo inquieta respecto al hecho de que muchos autores cuyas obras había leído afirmaban con vehemencia que los demonios siempre mienten, que uno jamás debe creer lo que dicen. Sin embargo, muchas veces en el pasado, había ordenado a los demonios decirme cómo habían invadido a la persona y cuáles asideros había que quebrantar a fin de poder sacarlos. Normalmente me habían dado información bastante acertada y habían sido obligados a decirme exactamente lo que yo necesitaba saber para terminar de quebrantar su poder, pasos tales como el rompimiento de un pacto, la confesión de un pecado oculto, el perdonar a alguien o la oración por la sanidad de algún recuerdo.

Yo sentía certeza de que Dios, en su soberanía, podía obligar a los demonios a revelar información verdadera que colaboraría con su propia derrota. Si así no fuera, ¿por qué, entonces, le preguntó Jesús al demonio en el gadareno cuál era su nombre? Si los demonios siempre dan información falsa, Jesús jamás les habría hecho una pregunta (Marcos 5:9).

Pero por la inquietud implantada en mí por personas que no están de acuerdo con este criterio, durante mi enfrentamiento con Asmodeo oré diciéndole a Dios que yo confiaba en que El me guiaría en las preguntas que yo tenía que hacer, y que si en algún momento yo le preguntaba al demonio algo que El no quería que yo supiera en ese momento, que El le prohibiera al demonio darme respuesta. También le pedí a Dios que me ayudara a discernir cuándo un demonio no respondía porque quería ser testarudo y cuándo se quedaba callado porque El le impedía responder.

Conforme avanzaba mi lucha con Asmodeo, traté de que él me confesara los nombres de los otros espíritus de su rango, pero su resistencia se intensificó y me dijo:

—¡Que ellos mismos te digan sus nombres!

Como el cuerpo de la mujer se estaba desgastando por la lucha espiritual, desde ese momento en adelante decidí no hacerle más preguntas a Asmodeo y me dediqué más bien a expulsarlo. Cuando esta mujer salió de mi oficina, mis pensamientos fueron saturados de temor. Me di cuenta que estaba comenzando a penetrar esferas más elevadas de actividad demoníaca y Satanás me decía con insistencia que no estaba preparada para esto, que me estaba sobrepasando en lo que yo era capaz de manejar. No obstante, le ordené guardar silencio y lo reprendí, recordándole que como hija de Dios: _"Mayor es el que está en mí que el que está en el mundo"_ (1 Juan 4:4). La Palabra de Dios me confortó y me sirvió de escudo ante los esfuerzos que hacía Satanás por desanimarme.

Inmediatamente después de mi encuentro con Asmodeo, tuve una cita con otro paciente, un profesor universitario de filosofía. Yo sabía que él era una persona que había leído mucho, así que le pregunté si alguna vez había visto que se mencionara el nombre "Asmodeo" en alguna de sus lecturas.

—¿Asmodeo? Sí —respondió—. Está en la Biblia, en los deuterocanónicos. El libro de Tobías, para ser exacto.

Yo estaba sorprendida. Nunca había leído los libros deuterocanónicos, pero esa noche busqué el libro de Tobías y leí sobre Sarra y de cómo el demonio Asmodeo había matado a cada uno de sus siete esposos antes de que el matrimonio hubiera podido consumarse.

Había una nota al pie de la página en la Biblia de Jerusalén (página 504) donde se informaba que Asmodeo significaba "el que hace perecer" y que su nombre aparece también en el Testamento de Salomón donde se le considera el enemigo de la unión conyugal.

Estaba meditando sobre lo que decía esa nota cuando de repente las piezas del rompecabezas se unieron y alabé a Dios por responder a mi oración. El día anterior le había pedido que me revelara el nombre del demonio y, ¡lo acababa de hacer!

Al día siguiente, tuve mi cita con la mujer que tenía problemas conyugales. Una amiga mía que tiene dones de profecía y palabra de conocimiento me acompañaba para ayudarme a ministrar. Yo estaba ansiosa de poner a prueba la nueva información obtenida. Apenas llegó mi paciente, dimos inicio al enfrentamiento espiritual. No mencioné las cosas que había averiguado el día anterior. Inclinamos nuestras cabezas y le pedí a Dios que nos protegiera en lo que íbamos a hacer. Inhalé profundamente y luego dije con firmeza:

—Asmodeo, en el nombre de Jesús, si tú eres el que está atacando el matrimonio de esta mujer, te ordeno que te manifiestes.

Fui sorprendida por la reacción tan rápida que se dio.

—¡Maldita espía! —fueron las primeras palabras que salieron de la boca de esa mujer.

Mi corazón latía aceleradamente. Yo estaba emocionada pero a la vez asustada.

—Muy bien, Asmodeo. No te permitiré maldecir a la mujer que me trajo tu nombre. Quebranto el poder de tu maldición sobre ella. Y Señor, te pido que la protejas.

Luego pregunté:

—Asmodeo, ¿cómo puedes estar en más de una persona a la vez?

Asmodeo estaba furioso, pero contestó mi pregunta. Era evidente que no deseaba hablar, pero mi orden de decir la verdad estaba teniendo efecto sobre él y estaba forzándolo a obedecer.

—Yo no vivo dentro de nadie permanentemente —aclaró—, pero cuando alguien se entremete en mis asuntos, me presento a defender mis intereses.

—¿Cuál es tu área de interés —indagué— aparte de romper matrimonios?

—Todo el placer es mío —respondió—. Lujuria, sexo, vicio, adulterio, glotonería, todas las cosas divertidas. ¡Yo sí que sé pasarla bien!

—¿Significa eso que cada demonio de tu rango tiene un área de influencia? —pregunté.

—Sí, por supuesto —dijo Asmodeo.

—¿Cuáles son los nombres de los otros grandes? —indagué.

—Ya te dije que eso no te lo voy a decir. Averígualo tú misma. ¡Ese es TU trabajo! —respondió furioso.

Puesto que Asmodeo rehusaba contestar, decidí preguntarle directamente a los otros. Cuando lo hice, un cambio muy evidente se dio en la personalidad de la mujer. Una voz comenzó a hablar en alemán. La amiga que me estaba ayudando a ministrar dijo:

—Ménguelesh.

Yo me asombré porque una vez un demonio que enfrenté se había identificado con ese nombre, pero nunca me había dado cuenta que era uno de alto rango.

No hubo respuesta audible por boca de la mujer, pero mi amiga recibió la contestación a través de sus dones de revelación. Me informó que Ménguelesh decía ser el "espíritu de destrucción" y que él había destruido a todos esos judíos a través de Joseph Mengele, el "carnicero" de Hitler.

—Yo inspiré sus experimentos —dijo—. Me gusta destruir la mente y el cuerpo.

Después de sacar a Ménguelesh, continué presionando para que se manifestara cualquier otro demonio de alto rango que estuviera presente en ella. La mujer ministrada dijo que estaba recibiendo palabras que parecían responder a mis preguntas.

El resto de la información llegó en esta forma:

Damián dijo que su trabajo era bloqueo, resistencia. La mujer vio un muro alto cuando dijo esto. Luego se identificó Beelzebú. Arios dijo que su esfera de influencia era la guerra, la violencia, la soberbia y la superioridad. El último nombre que vino fue "Nosferatu". La mujer vio la palabra escrita en su mente. Finalmente ordené a toda presencia demoníaca irse de esta mujer y pedí al Señor que la llenara con su presencia.

2

Poniendo a prueba la información recién adquirida

El Señor me dio múltiples oportunidades de comprobar esta información. Probé el nombre "Asmodeo" en el caso de un hombre cuyos problemas eran en las áreas de lujuria y vicio y la manifestación fue inmediata. Lo mismo sucedió con un hombre que tenía un problema de homosexualismo. Enfrenté a Ménguelesh en un hombre que padecía de dolores de cabeza psicosomáticos y la respuesta fue instantánea. Beelzebú se manifestó en una mujer joven y me informó que él trabaja en el área de las doctrinas falsas y la religiosidad. Un demonio en un hombre, me informó que Nosferatu pasa la mayor parte del tiempo en Europa debido a que muchas familias aristocráticas le vendieron sus almas al diablo y que Nosferatu los tiene bajo su control por medio de herencia espiritual. Vez tras vez, he podido confirmar la información sobre estos seis "jefes demoníacos".

Aproximadamente dos años más tarde, Marco, quien en ese momento era mi compañero de lucha en el ministerio, estaba orando en nuestra oficina. Marco tiene dones de revelación bien desarrollados. Dios comenzó a decirle los nombres de las fuerzas bajo las órdenes de cada uno de los seis jefes demoníacos.

La siguiente información que recibimos fue por medio de la liberación de una mujer de nuestra iglesia. Aprendimos los nombres de los tres gobernadores locales de Costa Rica que trabajan bajo las órdenes de Asmodeo, Damián y Ménguelesh.

Poco después, Marco y yo íbamos a viajar a los Estados Unidos para enseñar y ministrar liberación. Oramos y pedimos a Dios que nos revelara los nombres de los gobernadores locales demoníacos en los Estados Unidos a fin de poder quebrantar su poder antes de arribar a su territorio. Esos nombres le llegaron a Marco, pero aún no tenemos otra fuente de confirmación respecto a ellos. Cuando estábamos involucrados en este asunto, sucedieron tres cosas que vale la pena mencionar.

Al pedirle a Dios que nos revelara el gobernador de Ménguelesh en Estados Unidos, Marco tuvo una visión. Vio un puente que unía a Costa Rica con Estados Unidos y luego oyó a Ménguelesh maldiciéndome en inglés.

Otra cosa que ocurrió fue en el momento en que recibimos las palabras "Apoleón: Destructor". Cuando Marco escuchó eso, tuvo una visión. El vio el edificio del Pentágono y a los líderes militares reunidos dentro de él. Estaban eligiendo un nombre para una nave. Este demonio estaba suspendido encima del edificio y estaba inspirando su propio nombre para ese barco de guerra. Así fue como estos militares escogieron el nombre "Destroyer" (Destructor).

El tercer incidente, fue que Marco comenzó a ser atacado físicamente mientras le pedíamos a Dios que revelara los nombres de estos demonios. Tuve que imponer manos sobre Marco y ordenar a todas las fuerzas demoníacas que se alejaran de él.

En esta ocasión, le pedimos también a Dios que revelara los poderes demoníacos sobre los continentes y Marco recibió los nombres que están en el cuadro de la página 53. Marco escuchó este mensaje:

"Existió otro continente que ahora está cubierto por agua. Fue destruido por la maldad que en él se practicaba. El espíritu que gobernaba ese continente está encarcelado en prisiones de oscuridad".

Tres días antes que Marco y yo viajáramos a Miami, un amigo misionero ofreció pagar mi boleto aéreo de Miami a Los Angeles a fin de que yo visitara su iglesia madre. Le dije que no podía extender mi viaje, pero inmediatamente recordé un sueño que tuve esa madrugada. En ese sueño me vi hablando con el profesor Peter Wagner en lo que parecía ser una Universidad de Estados Unidos.

En ese momento, yo no conocía personalmente a Peter Wagner, pero sabía que enseñaba en el Seminario Teológico Fuller en Pasadena, cerca de Los Angeles. Ese sueño me hizo reconsiderar la oferta de mi amigo.

Le pregunté a Marco si él estaría dispuesto a quedarse en Miami sin mí durante unos días, al finalizar nuestro seminario, o regresar solo a Costa Rica, para que yo pudiera continuar a Los Angeles. Ahí mismo respondió:

"No, porque Dios me acaba de decir que nos necesita a ambos en Los Angeles. Dice que me va a llevar también a mí y que estaremos ministrando allá juntos".

¡Y eso fue exactamente lo que pasó! Un amigo de ambos ofreció pagarle a Marco el boleto a Los Angeles. Visitamos la iglesia madre de mi amigo misionero, ministramos en dos iglesias, cumpliendo así la profecía de Marco, y yo hablé con Peter Wagner en Fuller tal como lo vi en mi sueño.

Cuando conocí a Peter, le pregunté a Dios:

"¿Qué es lo que debo decirle? ¿Para qué me trajiste aquí a conocerlo?"

La respuesta que recibí fue:

"Muéstrale el cuadro de la jerarquía demoníaca".

Cuando lo hice, Peter se interesó mucho porque en ese período, precisamente estaba investigando el tema de espíritus territoriales.

Este incidente me confirmó aún más que, aunque quizás el cuadro no sea ciento por ciento correcto, debe tener suficiente información válida como para que Dios quisiera llevarme desde Costa Rica hasta Los Angeles para colocarlo personalmente en las manos de Peter Wagner y Charles Kraft. Posteriormente, en ese mismo año (1988), el doctor Charles Kraft, nos invitó a Marco y a mí a participar en un seminario de entrenamiento llamado, "Enfrentando decisivamente a los poderes espirituales", celebrado en Pasadena. En este seminario presenté la información sobre la jerarquía demoníaca y después de eso, el doctor Kraft me invitó a participar en el Congreso de Manila con este mismo tema. Ciertos eventos más recientes me han convencido de que ese cuadro efectivamente contiene información válida a la vez que valiosa.

FALSOS DIOSES

Poco antes de recibir la invitación de venir a la Convención de Manila como dirigente de un taller en el área de "Guerra Espiritual", Dios comenzó a traerme más información sobre la organización demoníaca. Me llevó a un enfrentamiento con un nivel más elevado de espíritus malignos: los dioses falsos.

Estos espíritus dicen ser distintos de los demonios. Afirman que son ángeles caídos y como tales, tienen cuerpos espirituales a diferencia de los demonios. Informan que por el hecho de no tener cuerpos, es que los demonios buscan entrar en cuerpos humanos. Su falta de cuerpo explica también por qué la gente los ve en visiones como monstruos o animales salvajes. Estas imágenes son meramente representaciones simbólicas de demonios.

Los ángeles caídos, en cambio, sí pueden ser vistos por las personas cuando Dios abre sus ojos espirituales.

Yo he logrado descubrir nueve de los nombres de principados inmediatamente debajo de Satanás en la línea de autoridad.

A continuación comparto parte de la información que he acumulado sobre ellos. Advierto que esta información debe ser discernida y estudiada cuidadosamente, puesto que viene de boca de principados demoníacos. Sus nombres son:

Brumáus, Krucitas, Astarot, Trémus (quien tiene un gobernador llamado *Leviatán), Diana* (quien atrae adoración hacia ella por medio de la idolatría), *Dagón* (quien pide sacrificios de niños en la India), Nimrod (un guerrero muy fuerte), *Dragón* (quien controla la astrología y recibe adoración por medio de las estrellas y planetas) y *Siria* (otro guerrero poderoso). Estos nueve principados se identifican como dioses y son adorados en todo el mundo en diversas formas.

Leviatán está encarcelado bajo el océano en el área llamada "El Triángulo de las Bermudas". El es el que desaparece barcos y aviones. No está suelto. Será soltado durante los últimos días.

Los seis nombres que yo había logrado descubrir previamente, se consideran gobernadores mundiales y los que están debajo de ellos son gobernadores locales. Los grupos o legiones de demonios que trabajan para ellos son las potestades. Una potestad es una agrupación de demonios menores.

Diana es el principado que controla a *Damián, Asmodeo* y *Beelzebú.*

Un principado me dijo:

—*Nimrod* descendió del segundo cielo, entró en el vientre de una mujer y tomó el niño y le dio su propio nombre. Ese niño fundó Babilonia. *Nimrod* se está preparando para el Armagedón.

Luego me dijo:

—¡Te odio! Si tú no fueras fiel a Dios, yo no tendría que estar aquí dándote esta información. Pero escucha, en el mundo espiritual, todo tiene precio. Jesús los quería a ustedes. El tuvo que pagar el precio: su muerte. Esta información también tiene un precio. ¡Si supieras cuál es, no te hubieras metido en esto!

Después me pidió una Biblia y buscó Efesios 6:12. Comenzó a maldecir y a ponerse muy violento.

—Aquí estamos nosotros —dijo.

Empezó a leer y se enojó grandemente.

—Los traductores de esta Biblia son unos imbéciles —dijo—. Ellos no saben. Lo tienen en el orden equivocado. Aquí dice: "principados, potestades, gobernadores y huestes". Está mal. Debiera ser principados, gobernadores, potestades y huestes. Las potestades tienen que ser gobernadas por los gobernadores.

Luego me "predicó" sobre Efesios 6:10-18, si es que se puede llamar a eso predicar, porque mientras hablaba al respecto maldecía y pateaba las paredes a la vez que me insultaba y me decía que yo era una idiota. Me dijo:

—Te voy a explicar sobre la armadura para que puedas enfrentarnos mejor, imbécil.

»¡La verdad! ¡Já! Me río de ustedes cuando se levantan en la mañana y dicen: "Me duele el cuerpo. Estoy enfermo". ¡No están protegiéndose con la verdad! Lo que tienen que hacer es pronunciar la verdad: "Jesús me sana". Pero si pronuncian enfermedad, pronuncian mentira. Esto es un ejemplo. No limiten a Dios en sus mentes y Dios no limitará su poder en ustedes. ¡Estúpida! ¿Por qué tengo que enseñarte?

»Ustedes los humanos tienen un privilegio. Tienen privilegios mayores que los que Dios le dio a Satanás en el principio. Por eso fue que Satanás se enojó tanto. Dios les dio a ustedes más de lo que nos dio a nosotros. Ustedes tienen poder en lo que dicen. ¡Palabras! Así fue como Dios creó el mundo visible: el poder de la palabra. Esa es el arma más poderosa que tienen.

»"Calzados los pies con el apresto del evangelio de la paz". ¡Idiotas! El evangelio no es andar por allí diciendo: "Dios te ama". "Jesús te salva". El evangelio es poner manos sobre los enfermos y sanarlos. El evangelio es echarnos a nosotros de las personas.

»Ustedes los cristianos, se dividen en denominaciones. Es por eso que nosotros aún no hemos descendido. Nosotros estamos mejor organizados que ustedes, pero estamos comenzando a prepararnos para descender por culpa tuya y por otros que ya nos están enfrentando, aquellos a quienes Dios les ha revelado la verdad sobre la guerra espiritual.

SATANAS

La semana antes de la Convención de Manila, mientras ministrábamos en Miami a una mujer que había sido satanista y bruja, Dios nos llevó a Marco y a mí al peldaño mas alto de la escalera. Durante la última noche en que le ministrábamos, Dios le permitió a Satanás atravesar la barrera protectora con el objetivo de exponernos al "rey de las tinieblas" en persona. Satanás entró en esta mujer y nos enfrentó directamente. Dios nos permitió el privilegio de tener este acontecimiento en *videocasete* ya que estábamos filmando la sesión.

Durante esta batalla, Satanás hizo mención del cuadro de la jerarquía demoníaca que yo tenía en mi poder para exponer su organización. También comentó, refiriéndose a *Krucitas*, el principado a través del cual yo había logrado obtener información sobre los dioses falsos:

—Nunca más le permitiré acercarse ni a una milla de ti, al menos mientras esté sobre ti esa unción especial.

3

La confirmación de Dios

Al día siguiente, inmediatamente antes de que Marco volara a Costa Rica y yo me preparaba a volar hacia Manila, el Señor nos habló por medio del don de profecía de Marco.

Yo le había estado pidiendo a Dios su guía respecto a mi conferencia en la Convención de Manila. Temía que la gente no iba a comprender ni aceptar la información que tenía planeado revelar en relación a la organización de Satanás.

El Señor me dijo:

—Ve en paz. No temas al adversario ni a los razonamientos humanos. Permite que mi Espíritu te use. Habrá personas que no aceptarán esta información, pero otros, a quienes mi Espíritu ha preparado para recibirla, sí lo harán.

»Los nueve nombres que te han sido revelados son correctos. Además hay otros y están por todo el mundo.

»Hay principados que gobiernan las diversas dimensiones, cada una con sus propias leyes naturales, físicas y espirituales. Algunos están en las profundidades de la tierra, los océanos y el aire. Otros se encuentran aun en el espacio, en las estrellas, lejos de la atmósfera de la tierra. Sin embargo,

Satanás no puede entrar en la presencia del Señor a menos que Dios se lo permita.

»¡El hombre ignora tanto sobre el mundo espiritual!... Su propia ignorancia lo destruye, pero yo no revelo todas las cosas a la humanidad todavía porque este es un tiempo en que la maldad ha de estar activa. Al final de los tiempos, todo conocimiento será revelado.

»Mientras tanto, ustedes tienen mi Espíritu Santo quien les da poder y autoridad sobre las huestes enemigas. Sin embargo, algunos tienen el privilegio de revelación en esta área, pero no todos pueden recibirla. El precio es alto. Es un precio de dolor, de rechazo y de soledad que debe pagarse dentro del ámbito humano. Pero mi recompensa será doble para aquellos que se sostienen con firmeza dentro de esta revelación.

»No todos mis siervos han recibido una espada de fuego ante la cual Satanás, sus principados, gobernadores y potestades, tiemblen. Pero aquellos a quienes yo he escogido para librar batalla contra estos poderes espirituales más elevados, verán y experimentarán cosas mayores si sus corazones permanecen cerca de mí. Nadie los puede arrebatar de mi mano. Nadie puede dañarlos. Son mis escogidos y Satanás lo sabe.

»Nada deben de temer. Nunca le abran las puertas al temor. *Temor* ha sido atado. El no tiene autoridad sobre ustedes. Pueden ser tentados, pero no poseídos por él, porque yo los he sellado con mi Santo Espíritu.

»Hay *locura, orgullo y tormento* entre mi pueblo. Hay *tristeza, sufrimiento, dolor, angustia, ansiedad, depresión, opresión, amargura, resentimiento, odio, frustración, desánimo, pobreza, enfermedad* y mucho más. Ellos atan las mentes de las personas y las dirigen a un infierno terrenal donde la carne y el alma son destruidos, mas no su espíritu, porque yo gobierno el espíritu.

»Satanás está reinando y mi pueblo sufre y gime por su completa redención. El día viene (está cercano), en el que mi pueblo será plenamente redimido y mi reino será completamente establecido.

»La puerta comienza a cerrarse. Las tinieblas pronto cubrirán la tierra. ¡Apresúrense!, siervos míos. ¡Apresúrense! Sanen y liberen a mi pueblo. El tiempo se acaba. No demoren. No pospongan. Deberán trabajar cada día, pues la noche, el tiempo de descansar, aún no ha llegado.

En este momento, Marco tuvo una visión. Una inmensa puerta de bronce que dividía la luz de la tinieblas comenzó a cerrarse.

El camino que se dirigía hacia el cuarto resplandeciente tenía escritas estas palabras: "YO SOY EL CAMINO, LA VERDAD Y LA VIDA". Mucha gente caminaba hacia la puerta, pero conforme avanzaban, la puerta se iba cerrando lentamente. Una voz emergía de la luz, diciendo: ¡APRESURENSE! ¡APRESURENSE A ENTRAR A !LA LUZ! EL TIEMPO ES CORTO. ¡APRESURENSE! ¡APRESURENSE!

4

Análisis bíblico de la información y del medio por el cual se obtuvo

Cuando yo había recibido toda esta información, comencé a escudriñar la Biblia para analizar si la Palabra de Dios la confirmaba o la contradecía. A continuación están algunas de las comprobaciones que encontré:

- **¿Tenemos autoridad para demandar información específica de los demonios a fin de ocasionar su propia derrota?**

Antes de que Jesús expulsara a los demonios del hombre gadareno, El obligó al demonio a revelar su nombre.

Y le preguntó: ¿Cómo te llamas? Y respondió diciendo: Legión me llamo; porque somos muchos.

Marcos 5:9

Jesús demandó información y el demonio obedeció supliéndola.

No hay evidencia, en esta ocasión, de que Jesús no quisiera que los demonios hablaran. Al contrario, Jesús claramente interactuó con los demonios a nivel verbal. El ya le había ordenado al espíritu malo que saliera (v.8) pero obviamente el demonio se estaba resistiendo y por esto Jesús lo presionó a darle más información. Así se enteró, por medio del mismo demonio, que no se encontraba solo, sino que había muchos demonios en este hombre.

Después de esto, hubo aun más comunicación verbal entre Jesús y los demonios puesto que ellos le rogaron que les permitiera entrar en los cerdos y El les respondió afirmativamente.

Esto demuestra que la autoridad que tenemos sobre los demonios es tan grande que ellos TIENEN que responder a nuestras preguntas, proveyendo información que nos ayuda a quebrantar su poder y expulsarlos de una persona o situación. Esta confesión verbal del demonio, hace que pierda control sobre la situación.

Las circunstancias serían similares a las de un país en guerra que descubre a un espía enemigo. El espía es torturado y obligado a confesar y a revelar información secreta que ayuda a este país a ganar la guerra. Es interesante que cuando Jesús le ordena al demonio que se vaya, el demonio responde: "Te ruego que no me atormentes" (Lucas 8:28). En múltiples ocasiones los demonios me han rogado que no pronuncie la Palabra de Dios o las verdades de Dios contra ellos, porque ellos dicen: "Eso me atormenta" o "tus palabras me queman".

- **¿Quiere Dios que conozcamos mejor al enemigo?**

Mi pueblo fue destruido porque le faltó conocimiento.

Oseas 4:6

Para que Satanás no gane ventaja alguna sobre nosotros, pues no ignoramos sus maquinaciones.

2 Corintios 2:11

Sed sobrios, y velad, porque vuestro adversario el diablo, como león rugiente anda alrededor buscando a quien devorar; al cual resistid firmes en la fe, sabiendo que los mismos padecimientos se van cumpliendo en vuestros hermanos en todo el mundo.

1 Pedro 5:8-9

La Palabra de Dios, nos dice que El no quiere que seamos ignorantes de las maquinaciones de Satanás, porque sabe que nuestro enemigo puede destruirnos por nuestra falta de conocimiento. ¡El nos quiere alertar a lo que Satanás está haciendo para que podamos defendernos nosotros mismos y también a nuestros hermanos en todo el mundo.

- **¿Existe una jerarquía demoníaca?**

Mas el príncipe del reino de Persia se me opuso durante veintiún días; pero he aquí Miguel, uno de los principales príncipes, vino para ayudarme, y quedé allí con los reyes de Persia. He venido para hacerte saber lo que ha de venir a tu pueblo en los postreros días; porque la visión es para esos días. Mientras me decía estas palabras, estaba yo con los ojos puestos en tierra, y enmudecido. Pero he aquí, uno con semejanza de hijo de hombre tocó mis labios. Entonces abrí mi boca y hablé, y dije al que estaba delante de mí: Señor mío, con la visión me han sobrevenido dolores, y no me queda fuerza. ¿Cómo, pues, podrá el siervo de mi señor hablar con mi señor? Porque al instante me faltó la fuerza, y no me quedó aliento. Y aquel que tenía semejanza de hombre me tocó otra vez, y me fortaleció, y me dijo: Muy amado, no temas; la paz sea contigo; esfuérzate y aliéntate. Y mientras él me hablaba, recobré las fuerzas, y dije: Hable mi señor, porque me has fortalecido. El me dijo: ¿Sabes por qué he venido a ti? Pues ahora tengo que volver para pelear contra el príncipe de Persia; y al terminar con él, el príncipe de Grecia vendrá.

Daniel 10:13-20

Daniel había orado a Dios, pero la respuesta no llegó hasta veintiún días después, debido a la interferencia del príncipe demoníaco sobre Persia. El ángel que trajo la respuesta de Dios le informó a Daniel sobre esto y le indicó que su batalla continuaría porque aún tenía que pelear contra el príncipe de Grecia. Esta es evidencia clara de una jerarquía demoníaca.

Porque no tenemos lucha contra sangre y carne, sino contra principados, contra potestades, contra los gobernadores de las tinieblas de este siglo, contra huestes espirituales de maldad en los reinos celestes.

Efesios 6:12

La Biblia en español que le di al principado (que estaba manifestándose en la dama) cuando éste me pidió una, nombraba a las fuerzas de Satanás en el siguiente orden: 1) principados, 2) potestades, 3) gobernadores y 4) huestes. Este espíritu inmundo se enojó cuando leyó eso y me informó que los traductores de la Biblia eran ignorantes de la jerarquía espiritual. Al revisar el orden comparando con la Biblia de Estudio NIV (*New International Version*) en inglés, me asombró ver que esa versión confirmaba el orden que daba el principado. Aun cuando usa palabras diferentes para referirse a los dos rangos superiores (*"rulers"* en lugar de *"principalities"* (principados) y *"authorities"* en lugar de *"governors"*, los dos últimos rangos aparecían en el mismo orden que el principado insistía que era el correcto: potestades, huestes. ¡A no ser porque este principado que me estaba hablando, me señaló esta diferencia, yo no me había fijado en ella!

Este espíritu hizo MUCHO énfasis, a la hora de su explicación, en que las potestades eran agrupaciones de demonios que necesitaban ser gobernadas por los gobernadores (o autoridades) y que, por ese motivo, tenían que reportarse bajo los gobernadores.

- **¿Tienen los demonios asignaciones territoriales?**

El incidente reportado en Daniel 10:13-20, es evidencia de la territorialidad de ciertos espíritus: "príncipe de Persia", "príncipe de Grecia".

En Marcos 5:10, dice:

Y le rogaba mucho (el demonio) que no los enviase fuera de aquella región.

Aparentemente a los demonios les asustaba la idea de ser enviados a otro territorio y de lo que podía sucederles si eran encontrados fuera de la región asignada. ¿Será posible que si un demonio es hallado en el territorio de otro demonio sin el permiso de su superior, será severamente castigado?

Me ha pasado muchas veces que los demonios me ruegan que no los saque de una persona porque sus superiores los castigarán por perder la batalla. Esto podría tener relación con el ser enviados fuera de su territorio. Un espíritu de alto rango me dijo: "Jesús dice que tengo que irme de este país, al este. No puedo regresar aquí".

- **¿Tienen los espíritus de alto rango derecho de rondar la tierra, o tenemos autoridad para enviarlos al abismo?**

Un día vinieron a presentarse delante de Jehová los hijos de Dios, entre los cuales vino también Satanás. Y dijo

Jehová a Satanás: ¿De dónde vienes? Respondiendo Satanás a Jehová dijo: "De rodear la tierra y de andar por ella".

Job 1:6-7

Si Satanás es libre de rondar la tierra, podemos suponer que otros espíritus de alto rango también tienen libertad de hacerlo, aquellos que no tienen asignación territorial.

Y prendió al dragón, la serpiente antigua, que es el diablo y Satanás, y lo ató por mil años; y lo arrojó al abismo, y lo encerró, y puso su sello sobre él, para que no engañase más a las naciones, hasta que fuesen cumplidos mil años; y después de esto debe ser desatado por un poco de tiempo.

Apocalipsis 20:2-3

Vendrá el tiempo en que Satanás será encadenado por mil años y echado al abismo. De esto se deduce que él y sus seguidores tienen libertad de engañar al mundo hasta que llegue ese día. Eso confirma lo que dijo Asmodeo en cuanto a que no tenemos autoridad para enviarlo al abismo todavía. Esto también nos recuerda de las palabras pronunciadas por el demonio en el endemoniado gadareno: *"¿Has venido acá para atormentarnos antes de tiempo?"* (Mateo 8:29).

- **¿Es cierto que algunos ángeles caídos ya están encarcelados?**

Y a los ángeles que no guardaron su dignidad, sino que abandonaron su propia morada, los ha guardado bajo oscuridad, en prisiones eternas, para el juicio del gran día.

Judas 6

La Biblia muestra que algunos de estos ángeles caídos ya están encarcelados.

Esto apoya lo que recibió Marco, que el principado que gobernaba el continente hundido ya ha sido encarcelado. ¿Será que el continente hundido fue destruido durante el diluvio mencionado en Génesis? ¿Tendrá que ver algo con *Leviatán*?

- **¿Habrá diferencia entre un ángel caído y un demonio?**

Nótese que Judas 6 usa la palabra "ángel" en lugar de "demonio". El mensaje que recibió Marco decía que el espíritu de alto rango sobre ese continente destruido era el que había sido encarcelado. Además, un principado me dijo que los espíritus de alto rango son ángeles caídos, no demonios.

El hecho de que Judas 6 hace referencia a "ángeles" caídos en lugar de "demonios", pareciera confirmar el dato recibido por medio de la palabra de conocimiento recibida por Marco y la afirmación hecha por el principado con respecto a que los ángeles caídos y los demonios son dos tipos de seres diferentes.

- **¿Qué de los nombres específicos revelados por los demonios?**

Ya establecimos, por el análisis del relato sobre el endemoniado gadareno, que de hecho podemos ordenar a los demonios revelar sus nombres y que ellos están obligados a responder a esa pregunta. Jesús jamás habría hecho esto si no fuera una herramienta efectiva o si no fuera permitido por Dios.

Algunos de los nombres que los demonios y principados me han dado se encuentran en la Biblia:

GOBERNADORES DEMONIACOS

Asmodeo: Aparece en el libro deuterocanónico de Tobías (3:17). Ahí se hace referencia a él como "el demonio Asmodeo". La palabra "demonio" apoya lo que me dijo el principado: que Asmodeo es un "demonio", no un "ángel caído". Lo que hace Asmodeo en la historia de Tobías (matar a los esposos de Sarra antes de la consumación del matrimonio) apoya la evidencia de que Asmodeo trabaja en contra de la unidad conyugal. Asmodeo mismo dijo que él promueve el adulterio, la lujuria, el homosexualismo y la fornicación, todos ellos pecados que perjudican la unidad conyugal.

Beelzebú: Este nombre, obviamente derivado de *Baal-zebub*, dios de Ecrón (2 Reyes 1:2), se menciona en Mateo 10:25, 12:24 y Lucas 11:15. Los fariseos acusaron a Jesús de echar demonios por la autoridad de *"Beelzebú, príncipe de los demonios"*. Los teólogos normalmente han supuesto que *Beelzebú* es Satanás. Sin embargo, no es eso lo que dice la Biblia. Afirma que él es el príncipe de los demonios, en otras palabras, un demonio de alto rango en la posición de autoridad sobre otros demonios.

Es interesante notar que el área de influencia que se deduce de la acusación que se le hace a Jesús es la de engaño, un demonio que se hace pasar por Dios, puesto que se le acusa de fingir que echa demonios por el poder de Dios cuando realmente ellos creían que era por el poder del enemigo. Esta es el área de influencia que *Beelzebú* mismo ha reportado: engaño, falsificación de los dones espirituales del Espíritu Santo, falsa doctrina, idolatría, etcétera. Esta también es el área confirmada por palabra de conocimiento a través de Marco.

Leviatán: Mencionado en Job 41:1, Salmo 74:14; 104:26 e Isaías 27:1. Es un monstruo marino en forma de serpiente o de dragón. Esto apoya la información dada por el principado: que *Leviatán* está encarcelado bajo el mar y que su poder causa destrucción de barcos y aviones que vuelan sobre el mar.

PRINCIPADOS

Astarot: Mencionado en Jueces 2:13; 1 Samuel 7:3, 12:10; 1 Reyes 11:5,33. La nota al pie de la página en la Biblia de Estudio NIV, en inglés, se refiere a las Astarots como: "Deidades femeninas como *Astarot* y *Asera*, ambas consortes de Baal, el dios jefe del panteón cananeo. *Astarot* se asociaba con la estrella del atardecer y era la bella diosa de la guerra y la fertilidad. Era adorada como *Istar* en Babilonia y como *Athtart* en Aram. Para los griegos era *Astarte* o *Afrodita*, y para los romanos era *Venus*. La adoración de *Astarot* involucraba prácticas exageradamente lujuriosas.

En 1 Reyes se habla de *Astarot* como diosa de los sidonios. El pueblo de Dios provocaba la ira de Jehová constantemente con su adoración a *Astarot*.

Un principado me dijo, refiriéndose a *Astarot*:

El es el que gobierna las estrellas, bueno, no es que las gobierne, es Dios el que lo hace en realidad, pero Astarot está ahí en el segundo cielo, haciendo como que gobierna las estrellas. Envía meteoritos. Promueve la adoración de estrellas y planetas, como en México. Allí adoran al sol y como consecuencia eso provoca adoración a Astarot.

La nota de pie de página en la Biblia NIV menciona que *Astarot* se asociaba con la estrella del atardecer. Esto apoya lo que dijo el principado sobre el hecho de que *Astarot* promueve la adoración de estrellas y planetas.

En la Biblia se considera a *Astarot* como una deidad femenina. Sin embargo, el principado se refirió a esta deidad como masculina. Supongo que puede haber un espíritu de aspecto masculino detrás de una deidad femenina. Supuestamente los espíritus no tienen sexo, pero su apariencia puede ser masculina o femenina.

Figura 1. La diosa de la fertilidad Astoret se presentaba bajo diversos nombres y formas. En esta moneda aparece con cabeza de ternera. Tomado del Diccionario Bíblico Ilustrado, Editorial Caribe, 1974, página 58.

Diana: Mencionada en Hechos 19:24-35. Es la diosa romana que los griegos conocían por el nombre de Artemis. Una nota al pie de la página de la Biblia NIV dice: "Ella había tomado todas las características de Cybele, la diosa madre de la fertilidad adorada en Asia Menor y cuyos ritos eran efectuados por sacerdotisas prostitutas. Es posible que la imagen de múltiples senos de supuesto origen celestial (v.35) fuera un meteorito".

Encontramos el reporte de un alboroto en Efeso que involucraba a esta diosa. Demetrio, un platero, quien tenía un próspero negocio en la venta de imágenes de Diana, levantó a todo el pueblo contra la enseñanza de Pablo sobre la falsedad de los dioses hechos por los hombres.

Figura 2. Diana, diosa romana de la luna, identificada por los griegos como Artemis, célebre diosa de los efesios.

Tomado del Diccionario Bíblico Ilustrado, Editorial Caribe, 1974, página 165.

Este acontecimiento apoya la información dada por el principado. Este dijo:

Diana es adorada con muchos nombres, dependiendo de la cultura. Ella hace que la gente adore imágenes. Diana es la ramera del libro de Apocalipsis, la mujer que se embriagó con la sangre de los santos (Apocalipsis 17:6). Ella es la que los mata.

Dagón: Mencionado en Jueces 16:23, 1 Samuel 5:2; 1 Crónicas 10:10. *Dagón* era el dios filisteo. Fue en el templo de *Dagón* que Sansón destruyó las dos columnas centrales haciendo que todo el edificio se derrumbara sobre él y los tres mil filisteos que se encontraban ahí ofreciéndole un gran sacrificio a su dios (Jueces 16).

Cuando los filisteos habían capturado el arca del pacto, la llevaron a Asdod y la colocaron en el segundo templo de *Dagón*. A la mañana siguiente la gente encontró a *Dagón* postrado en tierra delante del arca de Jehová. Lo juntaron y lo pusieron en su lugar de nuevo, pero a la mañana próxima ocurrió lo mismo, sólo que esta vez su cabeza y manos estaban cortadas. Dios hirió a la gente de Asdod con tumores hasta que se llevaron el arca de Jehová a Gat (1 Samuel 5).

Otro acontecimiento que involucró a *Dagón*, fue la vez que los filisteos encontraron el cadáver de Saúl y colgaron su cabeza en el templo de *Dagón*.

Una nota al pie de la página en la Biblia de estudio NIV (página 332), menciona que Baal, el dios adorado por los cananeos y los fenicios, se conocía también como el "hijo de Dagón".

Un principado dijo que *Dagón* recibía sacrificios de animales y que en la India se le sacrificaban niños.

Figura 3. Dibujo de la deidad pagana filistea Dagón, que cayó dos veces ante el arca del pacto de Israel y cuyo templo en Gaza fue destruido por Sansón, muriendo con él mucho pueblo. Tomado del Diccionario Bíblico Ilustrado, Editorial Caribe, 1974, página 152.

Nimrod: Mencionado en Génesis 10:8-12. Fue famoso por ser un vigoroso cazador y guerrero. El Diccionario Bíblico Ilustrado de la Biblia (Editorial Caribe, 1974 página 452), dice que algunos autores lo asocian con el dios babilónico "Ninurta".

La Biblia dice:

Y fue el comienzo de su reino Babel, Erec, Acad y Calné, en la tierra de Sinar. De esta tierra salió para Asiria, y edificó Nínive, Rohobot, Cala y Resén.

Génesis 10:10-12

También dice que era bisnieto de Noé, hijo de Cus, quien era hijo de Cam.

Esta información tiene relación con lo que dijo el principado sobre *Nimrod*, que el espíritu llamado *Nimrod* había entrado en un niño relacionado con la fundación de Babilonia y quien llegó a ser un poderoso guerrero. El principado dijo que *Nimrod*, el espíritu, es un "ángel caído", que es un gran guerrero. Dijo también que está a cargo de todos los ejércitos de Satanás y que actualmente está en el segundo cielo. En esta época no es adorado sobre la tierra porque está dedicado a preparar las huestes satánicas para el Armagedón.

Siria: Un principado dio a entender que era el mismo guerrero satánico mencionado en Daniel 10:13, como "el príncipe de Persia".

Dragón: El libro de Apocalipsis menciona dragones en los capítulos 12, 13, 16 y 20, refiriéndose a Satanás, y su representante, el anticristo. Esto le da credibilidad a la información dada por el principado. Esto es lo que dijo:

Dragón tiene poder. El consume la sabiduría de los hombres, la confunde. Trabaja en la astrología. Dragón ya está en la tierra. Aún no ha tomado un cuerpo, pero va a usar uno. Pero todavía no. Actualmente, está escondido. ¿Has oído del anticristo, de un gobernador humano · con mucha inteligencia que aparecerá para traer la paz y luego tomará control de todo? Dragón está detrás de eso. Cuando él haga su aparición, entonces el Armagedón habrá llegado. Todo está en el Apocalipsis.

Figura 4. Nimrod, renombrado cazador gobernante y constructor fundó la ciudad de Nínive y es una figura legendaria en la historia antigua.

Tomado del Diccionario Bíblico Ilustrado, Editorial Caribe, 1974, página 452.

Krucitas: Yo lo escribí con "K" porque él me dijo que así se escribía. Sin embargo, hay una conexión definitiva entre *Krucitas* y la cruz. El dijo:

Jesús fue crucificado sobre mí.

Cuando él habló, levantó ambos brazos hacia los lados, en forma de cruz y dijo:

Yo estoy a cargo de todos los satanistas y de la música rock. Promuevo las crucifixiones. Soy adorado por medio de ellas. Cuando veas una cruz, ese es un símbolo de Satanás, una maldición. Dondequiera que haya una cruz, ahí estoy yo. La cruz no es el símbolo de Jesús. Es el mío. Aun si se encuentra en una iglesia cristiana, ¡la cruz soy yo!

Sus palabras me recordaron Gálatas 3:13:

Cristo nos redimió de la maldición de la ley, hecho por nosotros maldición (porque está escrito: Maldito el que es colgado de un madero).

* **Falsos dioses**

Le despertaron a celos con los dioses ajenos;
Lo provocaron a ira con abominaciones.
Sacrificaron a los demonios, y no a Dios;
A dioses que no habían conocido,
A nuevos dioses venidos de cerca,
Que no habían temido vuestros padres.

Deuteronomio 32:16-17

Aquí se establece que hay demonios asociados a los dioses falsos. Esto apoya lo que dijo el principado:

46

Nos hemos adjudicado el título de "dioses" y somos adorados por todo el mundo en diferentes formas y bajo diferentes nombres.

- **¿Envía Dios a los demonios a realizar Su voluntad?**

En Jueces 9:23, se reporta que:

Envió Dios un mal espíritu entre Abimelec y los hombres de Siquem.

En 1 Samuel 16:14-16 se nos informa sobre el rey Saúl que:

Le atormentaba un espíritu malo de parte de Jehová.

Entonces él dijo: Oye, pues, palabra de Jehová: Yo vi a Jehová sentado en su trono, y todo el ejército de los cielos estaba junto a él, a su derecha y a su izquierda. Y Jehová dijo: ¿Quién inducirá a Acab, para que suba y caiga en Ramot de Galaad? Y uno decía de una manera, y otro decía de otra. Y salió un espíritu y se puso delante de Jehová, y dijo: Yo le induciré. Y Jehová dijo: ¿De qué manera? El dijo: Yo saldré, y seré espíritu de mentira en boca de todos sus profetas. Y él dijo: Le inducirás, y aun lo conseguirás; ve, pues, y hazlo así.

1 Reyes 22:19-22

Aquí dice que el Señor envió un espíritu maligno a inducir a Acab a atacar en Ramot de Galaad y así producir su muerte.

Estos pasajes establecen que los demonios son controlados por Dios y que él los usa para realizar su voluntad. Dios los envía en misiones especiales. Los demonios están obligados a obedecer sea que les agrade o no. ¡Este hecho es realmente reconfortante para los hijos de Dios!

Para aquellos que objetan a esta información en base al medio por el cual la recibí, permítanme recordarles de la ocasión en que Dios le habló a Balaam por boca de su asna (Números 22:28) y de la vez que Jesús le dijo a los fariseos que si El le ordenaba a los discípulos guardar silencio, las piedras clamarían (Lucas 19:40). Estos son ejemplos claros del hecho de que Dios puede hablarnos por cualquier medio que El escoja. No nos toca a nosotros los humanos indicarle cómo nos debe hablar. Eso es asunto de su soberana voluntad.

Algo que he aprendido, a través de mi relación personal con Dios, es a confiar en sus caminos, aun cuando no me parezcan racionales. El nos ha advertido que mientras estemos sobre la Tierra, no podremos entender plenamente Sus caminos.

Ahora conozco en parte, pero entonces conoceré como fui conocido.

1 Corintios 13:12

Porque mis pensamientos no son vuestros pensamientos, ni vuestros caminos mis caminos dijo Jehová. Como son más altos los cielos que la tierra, así son mis caminos, más altos que vuestros caminos, y mis pensamientos más que vuestros pensamientos.

Isaías 55:8-9

5

Discerniendo su aplicación

Puesto que yo fui la que recibí esta información, siento que también es mi responsabilidad compartirla con aquellos que estén dispuestos a escuchar. Estoy consciente de que no todos la aceptarán, algunos sencillamente porque no les fue revelada a ellos personalmente.

Yo completo mi tarea al escribirla y presentarla. Adonde la lleve Dios a partir de aquí, es responsabilidad de El, no mía. Que Su verdad los ilumine al leer este escrito y que El los dirija en cualquier dirección que desee llevarlos.

Hay mucho que debe investigarse aún en relación a este tema. ¿Qué de los otros dioses falsos mencionados en la Biblia: *Milcom* o *Moloc,* dios de los amonitas (1 Reyes 11:5,7), *Sucot-benot* de Babilonia, *Nergal* de Cuta, *Asima* de Hamat, *Nibhaz* y *Tartac*, dioses de los aveos, *Adramelec* y *Anamelec* de Sefarvaim (2 Reyes 17:30-31), *Quemos* de Moab (1 Reyes 11:7), *Baal-berit* (Jueces 8:33), *Baal-peor* (Deuteronomio 4:3), *Baalzefón* (Números 33:7), *Asera*, diosa cananea (Jueces 6:28), *Beltsasar*, dios principal de Nabuco-donosor (Daniel 4:8) y *Nisroc* (Isaías 37:38)? ¿Cuáles nombres e imágenes han tomado ellos en nuestros tiempos?

¿Dónde están activos? ¿Cómo podemos desenmascararlos y quebrantar su poder?

Fig. 5. Los amonitas solían sacrificar víctimas humanas arrojando niños vivos en los brazos ardientes de Moloc. Tomado del Diccionario Bíblico Ilustrado, Editorial Caribe, 1974, página 432.

Si Dios tiene un propósito en traernos estos datos, El tendrá que confirmarlo a aquellos que deberán usarlos en la lucha espiritual. Mi sentir es que su aplicación no está tanto en la expulsión de demonios como en la confrontación espiritual directa con estos principados a fin de quebrantar su poder y su influencia por todo el mundo.

Tanto el Espíritu Santo, como los espíritus inmundos han revelado otros datos. Sería imposible mencionarlos todos en este libro, pero realmente, estoy convencida de que fue Dios quien me los trajo. Creo que los cristianos necesitamos conocer al enemigo para poder enfrentarlo con mayor eficacia. Si tenemos los nombres de los más importantes demonios y ángeles caídos, podemos atarlos por nombre, quebrantar su poder sobre nosotros y liberar a las personas y los territorios bajo su opresión. El Cuerpo de Cristo tiene aún mucho trabajo por delante. Mientras más información nos traiga el Señor, ¡mayor es nuestra responsabilidad de comenzar a usarla para derrotar al reino de las tinieblas!

SATANAS
Rey de las tinieblas

PRINCIPADOS Falsos dioses	BRUMAUS	KRUCITAS	ASTAROT (DIANA →)	TREMUS (GOB-LEVIATAN →)	DIANA	DAGON	NIMROD	DRAGON	SIRIA
GOBERNADORES MUNDIALES	DAMIAN		ASMODEO	BEELZEBU	ARIOS		MENGUELESH		NOSFERATU
GOBERNADORES SOBRE COSTA RICA	SHIEBO		QUIEBO	NOSTRADAMUS	MEKIZZTOFELES		AMENEO		AZAZEL
GOBERNADORES SOBRE U.S.A.	RALPHES		ANORITHO	DEVILTOOK	APOLION "Destroyer"		MANCHESTER		

HUESTES

BRUMAUS (RALPHES)	ASTAROT (ANORITHO)	TREMUS (DEVILTOOK)	DIANA (APOLION)	NIMROD (MANCHESTER)	SIRIA (AZAZEL)
Abandono	Abuso	Adivinación	Agresividad	Angustia	Siembra de soledad
Aislamiento	Adulterio	Brujería	Destrucción	Ansiedad	Roba energía
Amargura	Borracheras	Condenación	Disensión	Celos	Roba pensamientos
Avaricia	Codicia	Satanismo	División	Confusión	Seduce con poder
Bloqueo	Fornicación	Dones Falsos	Homicidio	Desprecio	Hechicería
Burla	Gula	Hechicería	Muerte	Insomnio	Brujería
Culpa	Homosexualismo	Herejía	Odio	Locura	Prostitución
Debilidad	Lesbianismo	Idolatría	Rencor	Nervios	Familias de nobleza
Derrotismo	Lujuria	Legalismo	Violencia	Obsesión	Pactos satánicos
Desánimo	Prostitución	Maldición		Opresión	Asociado con animales de la noche: Murciélagos, lechuzas.
Desamparo	Sexo	Ocultismo		Suicidio	Está poco aquí.
Dolor	Vicio	Tradición		Temor	Pasa más en Europa.
Duda		Religiosidad		Tormento	
Egoísmo				Canibalismo	
Engaño					
Envidia					
Incredulidad					
Indignidad					
Inseguridad					
Impaciencia					
Mentira					
Miseria					
Orgullo					
Pereza					
Rechazo					
Resentimiento					
Robo					
Ruina					
Soberbia					

AGRUPACION DE HUESTES:

L E G I O N
P O T E S T A D

Gobernadores sobre continentes:

América .... : ....Záncor

Europa.. : .... Kracelónico

Asia... : ....Maggór

Africa.. : ....Macumba

Oceanía .... : ....Raastapack

Un sexto gobernador está
inactivo, encarcelado en
prisiones de oscuridad............... : ....Xirtanorth

---

Otros demonios importantes por área geográfica:

Costa Rica.................................... : ....Amishie

Centroamérica.............................. : ....Krión

América del Sur............................ : ....Yemayé

Europa y Medi o Oriente............. : .... Izmaichía

Africa. ....: ....Cumba

Por área de acción:

**Atacan iglesias que practican
guerra espiritual.......................** : .... **Kruónos y
Krutófor**

**Protege a Satanás y le lleva
mensajes como hace Gabriel con Dios:......................** **Aurius
Pide sangre (sacrificios).............** : .... **Sínfiris**

Desenmascarado
Rita Cabezas

En el presente libro Rita Cabezas comparte sus
experiencias sobre el esfuerzo que ha realizado
por entender la relación tan compleja y poco
comprendida entre el mundo demoníaco y el
psicológico. Los descubrimientos que ha hecho
a través de esta investigación representan un reto
a todo cristiano comprometido a participar de la
continuación del ministerio de Jesús de libertar
a las personas atadas y poseídas por el mundo
de las tinieblas.

Producto 490239
ISBN 0-945792-04-2